ATLAS DES COMMENÇANTS

RENFERMANT 11 CARTES COLORIÉES A TEINTES PLATES AVEC TEXTE EN REGARD.

A L'USAGE DES CLASSES LES PLUS ÉLÉMENTAIRES

SERVANT D'INTRODUCTION AU NOUVEL ATLAS CLASSIQUE DU MÊME AUTEUR

DEUXIÈME ÉDITION.

PAR L. VAT

AUTEUR DE PLUSIEURS OUVRAGES POUR L'ÉDUCATION

LES TITRES PLACÉS APRÈS LES NUMÉROS D'ORDRE ET ÉCRITS EN CARACTÈRES DIFFÉRENTS TIENNENT LIEU DE QUESTIONNAIRE

PARIS

A. ALEXANDRE, LIBRAIRE

MAISON GEDALGE JEUNE, 9, RUE MALHER

1863

Lith. Toupet, 8, r. d'Ulm, Paris.

NOTIONS PRÉLIMINAIRES.

DÉFINITIONS GÉNÉRALES.

1 La **Géographie** est la description de la terre.

2 La terre a la forme d'un globe. **Les eaux** forment les trois quarts de sa surface, et **les terres** en occupent le reste.

DÉNOMINATION DES EAUX.

3 On appelle **Mer** ou **Océan** l'immense étendue d'eau qui couvre la portion la plus considérable de notre globe.

4 On donne le nom de **Détroit**, et quelquefois de **Pas** ou de **Canal**, à une partie de mer resserrée entre deux terres et qui fait communiquer ensemble deux mers ou deux portions de mer.

5 Un **Golfe** ou une **Baie** est une partie de mer qui s'enfonce dans les terres.

6 On nomme **Port de mer**, ou simplement **Port**, une petite baie disposée, soit naturellement, soit par le travail des hommes, à mettre les vaisseaux à l'abri des tempêtes.

7 On appelle **Sources** les eaux qui sortent le plus souvent du pied des montagnes et quelquefois aussi du milieu des plaines; ces sources forment des **Ruisseaux.**

8 Une **Rivière** est un cours d'eau que forme la réunion de plusieurs ruisseaux.

9 Le cours d'eau qui se jette dans un autre plus important prend le nom d'**Affluent.**

10 On nomme **Confluent** l'endroit où deux rivières se réunissent.

11 Lorsqu'un cours d'eau important se jette directement dans la mer, il prend le nom de **Fleuve.**

12 L'**Embouchure d'un fleuve** est l'endroit où ce fleuve entre dans la mer.

13 On appelle **Canal** une sorte de rivière creusée par les hommes pour faire communiquer deux courants d'eau, qui, le plus souvent, appartiennent à deux bassins différents.

14 Quand une personne descend le cours d'une rivière, le bord qui se trouve à sa droite est la **Rive droite.** La **Rive gauche** est le côté opposé.

15 On nomme **Bassin d'un fleuve** tout l'espace dont les eaux viennent se rendre dans ce fleuve.

16 Deux bassins qui se touchent sont limités par une chaîne de montagnes plus ou moins élevées qu'on appelle **Ligne de partage des eaux.**

17 Un **Lac** est une étendue d'eau dormante qui se trouve au milieu des terres. Quand un lac est très-petit, il porte le nom d'**Etang.**

18 On appelle **Marais** un étang dont les eaux sont assez basses pour permettre à certaines plantes de s'élever au-dessus de la surface.

DÉNOMINATION DES TERRES.

19 On nomme **Continents** les deux plus grandes étendues de terres répandues sur le globe. Le plus grand, qui comprend l'Europe, l'Asie et l'Afrique, s'appelle l'**Ancien continent.** Le moins considérable, qui ne comprend que les deux Amériques, s'appelle le **Nouveau continent** : il a été découvert en 1492 par Christophe Colomb.

20 Une **Ile** est une portion de terre entourée d'eau de toutes parts.

21 Un **Archipel** est la réunion de plusieurs îles.

22 On appelle **Presqu'île** ou **Péninsule** une terre presqu'entièrement environnée d'eau et qui communique avec le continent par une langue de terre.

23 La langue de terre qui unit une presqu'île à un continent prend le nom d'**Isthme.**

24 On nomme **Cap** ou **Promontoire** l'extrémité d'une côte qui s'avance dans la mer.

25 On donne le nom de **Montagne** à une masse considérable de terre qui s'élève sur la surface du globe.

26 Les montagnes qui ont à peu près la forme d'un pain de sucre s'appellent **Pics.**

27 Un **Volcan** est une montagne qui vomit par intervalles des torrents de feu.

28 Une suite de montagnes dont les bases se touchent prend le nom de **Chaîne de montagnes.**

29 Quand il se trouve des passages entre les montagnes, ou entre une montagne et la mer, c'est un **Défilé.**

30 Les **Côtes** sont les endroits où la mer vient baigner la terre.

31 On nomme **Versants** les deux grandes pentes d'une chaîne de montagnes.

INTRODUCTION A LA COSMOGRAPHIE (*)

DU GLOBE TERRESTRE.

32 La terre est un peu aplatie vers deux endroits opposés qu'on appelle les deux **Pôles.**

33 **L'Axe de la Terre** est une ligne droite qui est supposée traverser la terre par son centre et sortir par les deux pôles. C'est autour de cet axe que la terre tourne sur elle-même en vingt-quatre heures.

34 L'**Équateur** est un grand cercle qu'on imagine faire le tour du globe, et dont tous les points sont à égale distance des deux pôles.

35 Les **Tropiques** sont de petits cercles dirigés dans le même sens que l'équateur, et qui limitent la partie de la terre sur laquelle le soleil envoie directement ses rayons. Cette partie de la terre est appelée **Zone torride**, à cause de la chaleur qui y règne

36 Les deux **Zones tempérées** sont les deux espaces compris entre chacun des deux **Tropiques** et les deux **Cercles polaires.**

37 Les deux **Zones glaciales** sont les deux espèces de calottes qui couvrent la partie de la terre située entre chaque cercle polaire et chacun des deux pôles.

38 On appelle **Méridiens** tous les grands cercles qui entourent la terre en passant par les deux pôles. Chaque pays peut avoir son méridien : celui de Paris passe par l'Observatoire.

39 On nomme **Points cardinaux** quatre points qui servent à indiquer la position des lieux sur le globe. Ce sont : le **Nord**, au haut des cartes, le **Sud** au bas, l'**Est** à droite, l'**Ouest** à gauche.

40 Pour trouver ces quatre points en pleine campagne (ce qui s'appelle **s'orienter**), on se place, à midi, de manière à avoir son ombre devant soi : on est alors tourné vers le Nord, on a derrière soi le Sud ou le Midi, l'Est ou le Levant à droite, et l'Ouest ou le Couchant à gauche.

41 On appelle **Contrée** une grande étendue de terre, le plus souvent soumise au même gouvernement, et dont un seul nom réunit toutes les parties.

GRANDES DIVISIONS DU GLOBE TERRESTRE.

42 Le **Globe terrestre** se divise en cinq parties, qu'on appelle les cinq parties du monde ; ce sont : l'**Europe**, l'**Asie**, l'**Afrique**, l'**Amérique** et l'**Océanie.**

43 Les **principales mers** qui couvrent à peu près les deux tiers de la surface du globe sont : l'océan Glacial-Arctique, l'océan Atlantique, le Grand Océan ou océan Pacifique, l'océan Glacial-Antarctique.

(*) Les jeunes élèves qui ont l'avantage de pouvoir apprendre plusieurs fois ce petit cours n'étudieront ce qui suit jusqu'au n° 39 qu'après avoir appris au moins une fois le livre tout entier.

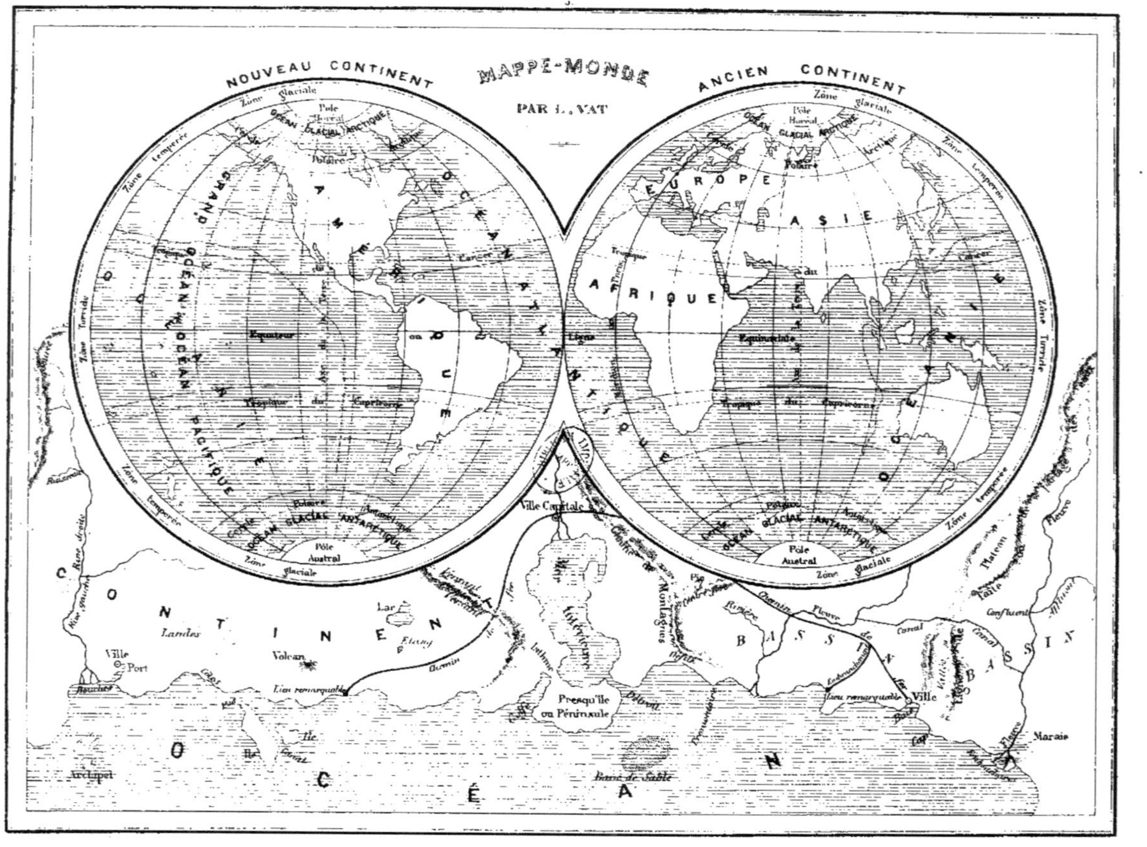
MAPPE-MONDE
PAR L. VAT
NOUVEAU CONTINENT
ANCIEN CONTINENT
AMÉRIQUE
EUROPE
ASIE
AFRIQUE
OCÉANIE
OCÉAN ATLANTIQUE
GRAND OCÉAN OU OCÉAN PACIFIQUE
OCÉAN GLACIAL ARCTIQUE
OCÉAN GLACIAL ANTARCTIQUE
Pôle Boréal
Pôle Austral
Zône glaciale
Zône tempérée
Zône Torride
Equateur
Tropique du Capricorne
Ligne
Equinoxiale
CONTINENT
OCÉAN
BASSIN
Ville Capitale
Montagnes
Presqu'île ou Péninsule
Isthme
Lac
Etang
Volcan
Landes
Ville
Port
Lieu remarquable
Ile
Canal
Archipel
Banc de Sable
Plateau
Fleuve
Confluent
Rivière
Ville
Marais

EUROPE.

1 L'Europe est la plus importante des cinq parties du monde.

2 Elle occupe une **surface** de 10,000,000 de kilomètres carrés, c'est-à-dire qu'elle est plus de 18 fois grande comme la France.

3 Sa **population** est de 270,000,000 d'habitants.

4 **Limites.** Au N., l'océan Glacial-Arctique; — à l'O., l'océan Atlantique; — Au S., le détroit de Gibraltar, la Méditerranée, l'Archipel, la mer de Marmara, la mer Noire et la chaine du mont Caucase; — à l'E., la mer Caspienne, le fleuve Oural et les monts Ourals.

L'EUROPE SE COMPOSE DE 17 ÉTATS PRINCIPAUX.

4 AU NORD

5 1° La **MONARCHIE SCANDINAVE** qui renferme la **NORWÉGE**, *cap.* CHRISTIANIA; et la **SUÈDE**, *cap.* STOKHOLM.

6 2° Les **ILES BRITANNIQUES** formées de l'**IRLANDE**, *cap.* DUBLIN; de l'**ÉCOSSE**, *cap.* ÉDIMBOURG; et de l'**ANGLETERRE**, *cap.* LONDRES, sur la *Tamise;* villes principales : York, Manchester et Portsmouth.

7 3° Le **DANEMARK**, *cap.* COPENHAGUE; avec l'**ISLANDE**, *cap.* REYKIAVICK.

8 4° La **RUSSIE**, *cap.* SAINT-PÉTERSBOURG *sur la Néva;* au N. O. la Laponie, Wasa dans la Finlande, Moscou, 2e *cap.*; elle comprend aussi la POLOGNE, *cap.* VARSOVIE, et la Crimée, Sébastopol.

7 AU MILIEU

9 1° La **HOLLANDE**, *cap.* LA HAYE; Amsterdam.

10 2° La **BELGIQUE**, *cap.* BRUXELLES.

11 3° L'**ALLEMAGNE INTÉRIEURE**, *villes principales* : HANOVRE dans le royaume de ce nom; CASSEL, *sur le Wéser;* DRESDE, *sur l'Elbe*, dans le royaume de Saxe; FRANCFORT-SUR-MEIN; STUTTGARD dans le royaume de Wurtemberg et MUNICH dans le royaume de Bavière.

12 4° La **PRUSSE**, *cap.* BERLIN; Aix-la-Chapelle dans la Prusse-Rhénane et Dantzig, *sur la Vistule.*

13 5° La **FRANCE**, *cap.* PARIS, *sur la Seine;* Lille, Rennes, Strasbourg *près du Rhin*, Lyon *sur le Rhône*, Bordeaux *sur la Garonne*, et Marseille *sur la Méditerranée.*

14 6° La **SUISSE**, *cap.* BERNE.

15 7° L'**AUTRICHE**, *cap.* VIENNE *sur le Danube*, Prague en Bohême, et Venise, dans la Vénétie en Italie.

6 AU SUD

16 1° Le **PORTUGAL**, *cap.* LISBONNE *sur le Tage.*

17 2° L'**ESPAGNE**, *cap.* MADRID, Oviédo dans les Asturies, Valence *sur la Méditerranée*, Séville *sur le Guadalquivir.*

18 3° L'**ITALIE**, *cap.* TURIN, Milan et Florence; ROME dans les États du Pape; Naples dans l'Italie méridionale; Palerme en Sicile, et Cagliari dans l'île de Sardaigne.

19 4° Les **PRINCIPAUTÉS SLAVES** ou **DANUBIENNES**, tributaires de la Turquie.

20 5° La **TURQUIE**, *cap.* CONSTANTINOPLE *sur le détroit de ce nom*, Varna *sur la mer Noire*, la république de Monténégro et Janina.

21 6° La **GRÈCE**, *cap.* ATHÈNES.

22 **Iles.** — I. Lofoden *à la Suède*; I. OEsel *à la Russie*; I. Séeland et I. Fœroë *aux Danois*; I. de Corse *à la France*; Is Baléares *à l'Espagne.*

23 I. de Sardaigne et I. de Sicile *au roy. d'Italie;* I. de Malte *aux Anglais;* Is Ioniennes *à la Grèce;* I. de Candie *à la Turquie.*

24 **Mers.** — OCÉAN GLACIAL-ARCTIQUE, mer Blanche; OCÉAN ATLANTIQUE, mer du Nord, mer Baltique; mer MÉDITERRANÉE, mer Adriatique, mer de Marmara, mer Noire, mer d'Azof; mer Caspienne.

25 **Détroits.** — Pas-de-Calais, la Manche, dét. de Gibraltar, dét. de Constantinople.

26 **Golfes.** — G. de Botnie, G. de Finlande, G. de Bristol, G. de Gascogne.

27 **Fleuves.** — *Versants du Nord et de l'Ouest :* la Dvina du Nord, la Tornéa, la Néva, la Dvina de l'Ouest et le Niémen, *en Russie;* la Vistule, l'Oder et l'Elbe, *en Prusse.*

28 Le Rhin, la Seine, la Loire et la Garonne, *en France;* le Douro, le Tage, la Guadiana et le Guadalquivir, *en Espagne; versants du Sud et de l'Est :* l'Èbre, *encore en Espagne;* le Rhône, *en France;* le Tibre et le Pô, *en Italie.*

29 La Maritza, *en Turquie;* le Danube, *en Autriche;* le Dniester, le Dniéper, le Don *qui traverse le pays des Cosaques*, le Volga et l'Oural, *dans la Russie méridionale;* la Tamise *coule en Angleterre*, et le Shannon *en Irlande.*

30 **Lacs.** — Mœlar, *en Suède;* Onéga, Ladoga et Peypous, *en Russie;* de Genève, *en Suisse;* Balaton, *en Autriche.*

31 **Caps.** — C. Nord, C. Cléar, C. Lizard, C. Finisterre, C. Malapan.

32 **Montagnes.** — Une grande chaine de montagnes part des monts Ourals et se termine en Espagne près du dét. de Gibraltar; on y distingue : les monts Carpathes, *en Autriche* et les Pyrénées, *entre la France et l'Espagne.*

33 Les monts Dophrines, *en Norwége*, s'y rattachent par le nord. Les Alpes et les Apennins, *en Italie*, s'y rattachent par le sud, ainsi que les Balkans, *en Turquie*, et le mont Caucase, *au sud de la Russie.*

34 **Volcans** — Mont Hécla, *en Islande;* mont Vésuve, *en Italie, près de Naples;* mont Etna, *en Sicile.*

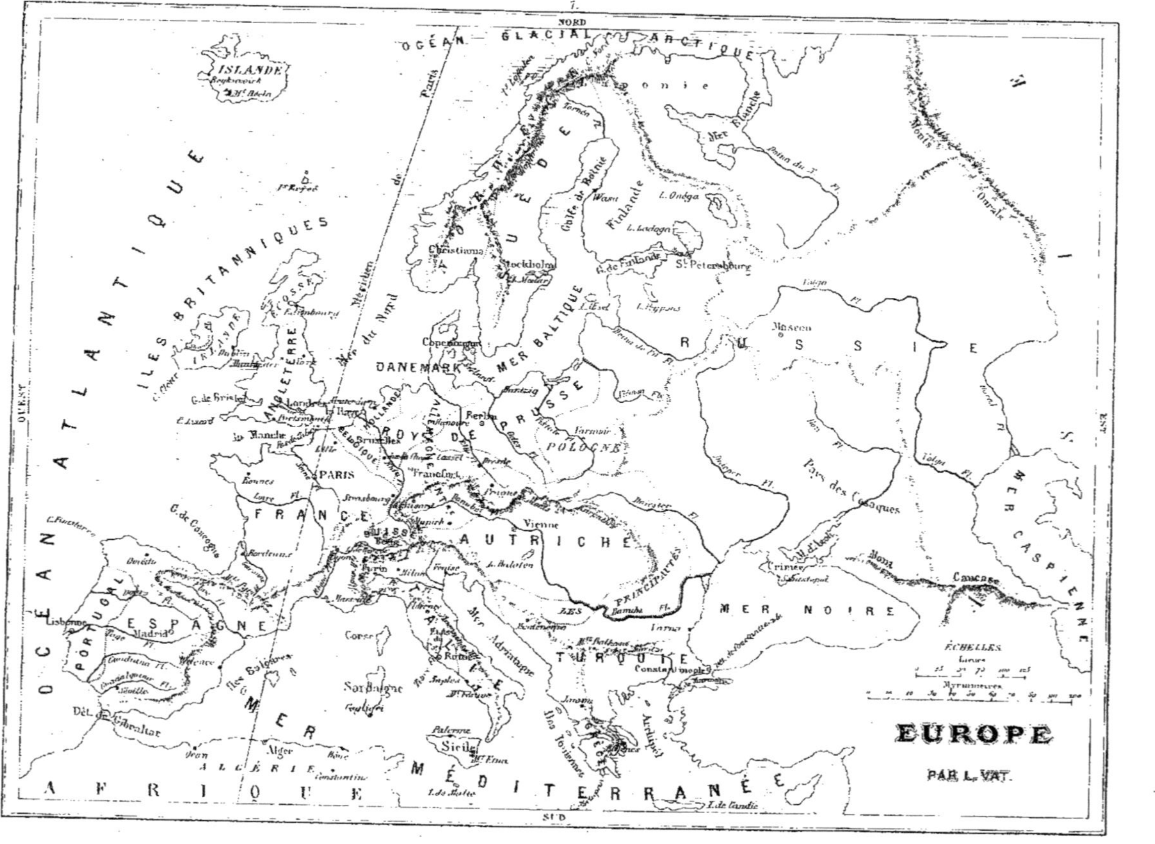

7.
NORD
SUD
OUEST
EST
EUROPE
PAR L. VAT.
ÉCHELLES
Lieues
Myriamètres
OCÉAN GLACIAL ARCTIQUE
OCÉAN ATLANTIQUE
ILES BRITANNIQUES
ISLANDE
IRLANDE
ANGLETERRE
ÉCOSSE
Mer du Nord
DANEMARK
MER BALTIQUE
Golfe de Bothnie
Finlande
St. Petersbourg
Stockholm
Christiania
Copenhague
PRUSSE
POLOGNE
RUSSIE
Moscou
Pays des Cosaques
Mer Blanche
MER CASPIENNE
Caucase
MER NOIRE
Crimée
TURQUIE
Constantinople
Archipel
GRÈCE
Iles Ioniennes
AUTRICHE
Vienne
PRINCIPAUTÉS
Mer Adriatique
ITALIE
Rome
Corse
Sardaigne
Sicile
Palerme
I. de Malte
I. de Candie
SUISSE
FRANCE
PARIS
Bordeaux
G. de Gascogne
la Manche
Londres
Bruxelles
BELGIQUE
HOLLANDE
ALLEMAGNE
Berlin
Francfort
Vienne
ESPAGNE
Madrid
PORTUGAL
Lisbonne
Dét. de Gibraltar
Iles Baléares
MER MÉDITERRANÉE
Alger
ALGÉRIE
AFRIQUE

ASIE.

1 **Superficie.** — L'Asie est environ quatre fois plus grande que l'Europe.

2 **Population.** — Elle renferme aussi près de trois fois plus d'habitants que l'Europe (700,000,000).

3 **Limites.** — L'Asie est bornée au N. par l'océan Glacial-Arctique; à l'O. par les monts Ourals, le fleuve Oural, la mer Caspienne, la chaîne du Caucase, la mer Noire, l'Archipel, la mer Méditerranée, l'isthme de Suez par lequel elle tient à l'Afrique, et la mer Rouge; au S. par l'océan Indien; à l'E. par le Grand Océan et le détroit de Behring qui la sépare de l'Amérique du Nord.

4 LES PRINCIPALES CONTRÉES DE L'ASIE SONT AU NOMBRE DE 12.

UNE AU NORD.

La **RUSSIE D'ASIE** qui comprend la SIBÉRIE, *cap.* TOBOLSK, et le KAMTCHATKA, *cap.* SAINT-PIERRE ET SAINT-PAUL.

5 SEPT AU MILIEU.

La **TARTARIE** ou **TURKESTAN** : KHIVA.

6 **L'EMPIRE CHINOIS**, qui renferme au N.-E. la MONGOLIE, et au S.-O. le THIBET : villes principales : PÉKIN, *cap.* Nankin et Canton.

7 Le **JAPON** formé des îles Yéso et NIPHON : YÉDO, *cap.*

8 La **TURQUIE D'ASIE** : KOUTAIEH, Smyrne, Alep et Jérusalem.

9 La **PERSE**. *cap.* TÉHÉRAN.

10 Le **ROYAUME DE HÉRAT**. *cap.* HÉRAT.

11 L'**AFGHANISTAN**, *cap.* CABOUL.

12 QUATRE AU SUD.

L'**ARABIE** : LA MECQUE, Mascate.

13 Le **BÉLOUTCHISTAN**, *cap.* KÉLAT.

14 Les **INDES** ou l'**INDOUSTAN**, Lahore à l'Angleterre, Chandernagor à la France, Calcutta à l'Angleterre, Goa aux Portugais, Madras à l'Angleterre, Pondichéry à la France.

15 **L'INDO-CHINE.** — AVA dans l'empire des Birmans; BANKOK dans le roy. de Siam; HUÉ, Tourane et Saïgon dans la Cochinchine, Singhapour au S. de la presqu'île de Malacca.

16 **Iles.** — Nouvelle-Sibérie, Nouvelle-Zemble, I. de Chypre, Is Maldives, I. Ceylan à l'Angleterre. Is Andaman, I. Formose, Is du Japon et I. Tarrakaï.

17 **Mers.** — Océan Glacial-arctique; mer Caspienne, mer Noire, Archipel et mer Méditerranée; mer Rouge, océan Indien et Grand Océan.

18 **Détroits.** — Dét. de Bab-el-Mandeb au S. de l'Arabie, de Behring entre la Sibérie et l'Amérique.

19 **Golfes.** — G. de l'Obi, G. Arabique ou mer Rouge, G. Persique, G. du Bengale et G. de Tonquin.

20 **Fleuves.** — *Versant du Nord :* la Léna, l'Ienisséi et l'Obi. *Versant du Sud :* l'Euphrate, le Tigre, l'Indus, le Gange, le Brahmapoutre et le Salouen. *Versant de l'Est :* le Cambodje, le fleuve Bleu, le fleuve Jaune et l'Amour.

21 **Lacs.** — Baïkal au S. de la Sibérie; lac ou mer d'Aral dans la Tartarie.

22 **Caps.** — Au N. le cap Septentrional, et au S. le cap Comorin.

23 **Montagnes.** — Le plateau central, formé au N. par les monts Altaï et au S. par les monts Himalaya, projette au N.-O. les monts Ourals, et à l'O. les montagnes d'Arménie où se trouve le mont Ararat.

24 Les montagnes d'Arménie se rattachent par le N. au mont Caucase, et par le S. au mont Liban, dans la Syrie.

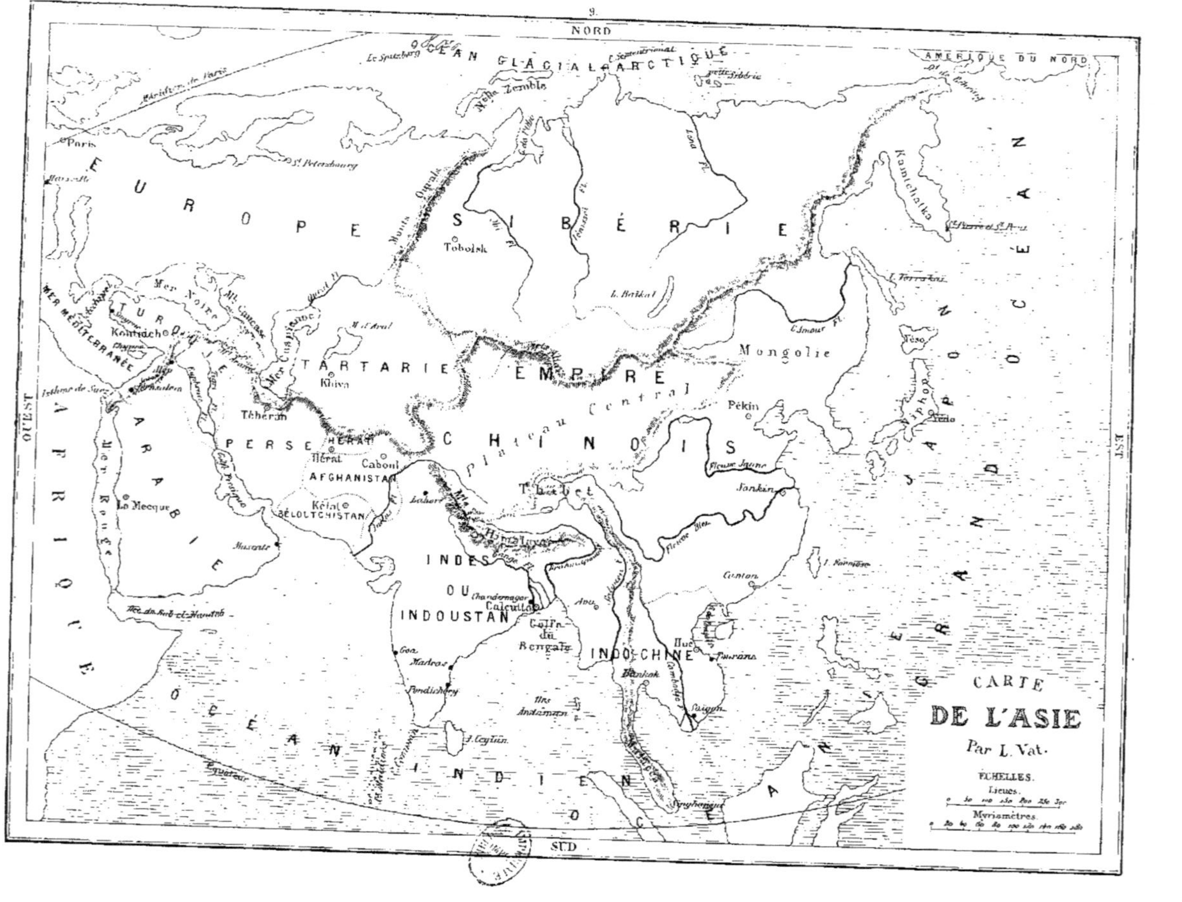
NORD
SUD
EST
OUEST
CARTE
DE L'ASIE
Par L. Vat.
ECHELLES.
Lieues.
Myriamètres.
OCÉAN GLACIAL ARCTIQUE
AMÉRIQUE DU NORD
GRAND OCÉAN
OCÉAN INDIEN
EUROPE
SIBÉRIE
TARTARIE
EMPIRE CHINOIS
Plateau Central
Mongolie
Thibet
PERSE
AFGHANISTAN
BÉLOUTCHISTAN
ARABIE
AFRIQUE
INDES OU INDOUSTAN
INDO-CHINE
TURQUIE
Mer Noire
Mer Caspienne
Mer Rouge
MER MÉDITERRANÉE
Golfe du Bengale
Nelle Zemble
Kamtchatka
Japon
Tobolsk
Téhéran
Hérat
Caboul
Khiva
Kélat
La Mecque
Mascate
Pékin
Nankin
Canton
Hué
Touranne
Saïgon
Bankok
Calcutta
Chandernagor
Goa
Madras
Pondichéry
Paris
St. Pétersbourg
L. Baïkal
Lena Fl.
Fleuve Jaune
Fleuve Bleu
Amour Fl.
I. Ceylan
Iles Andaman
Yéso
Nipphon
Yédo
Isthme de Suez
Monts Ourals
Mts. Himalaya
Mt. Caucase

AFRIQUE.

1 **Superficie.** — Près de trois fois plus grande que l'Europe.

2 **Population.** — Elle est environ trois fois moins importante (100,000,000 d'habitants).

3 **Limites.** — Au N., la mer Méditerranée, à l'O. l'océan Atlantique, au S. l'océan Austral, à l'E. la mer des Indes, la mer Rouge et l'isthme de Suez, par lequel elle communique avec l'Asie.

4 LES PRINCIPAUX ÉTATS DE L'AFRIQUE SONT AU NOMBRE DE PLUS DE 25,

ON Y DISTINGUE :

5 L'**ÉGYPTE** ; Alexandrie et le CAIRE, *cap.*

6 La **RÉGENCE DE TRIPOLI**, *cap.* TRIPOLI.

7 La **RÉGENCE DE TUNIS**, *cap.* TUNIS. (Ces trois États sont sous la souveraineté de la Turquie.)

8 L'**ALGÉRIE**, ALGER, *cap.* Oran et Constantine.

9 Le **MAROC**, *cap.* MAROC,

10 Sur les **CÔTES DU SAHARA**, la rade de Portendic aux Français.

11 La **SÉNÉGAMBIE**; SAINT-LOUIS à la France.

12 La **GUINÉE SUPÉRIEURE**; BENIN.

13 La **GUINÉE INFÉRIEURE**; SAN-SALVADOR.

14 La **CIMBÉBASIE**.

15 Le **PAYS DES HOTTENTOTS**.

16 La **COLONIE DU CAP**, VILLE DU CAP, à l'Angleterre.

17 La **CAFRERIE**; PORT-NATAL.

18 Le **MONOMOTAPA**.

19 La **CÔTE DE MOZAMBIQUE**.

20 Le **ZANGUEBAR**, *cap.* QUILOA.

21 L'**ÉTAT DE SÔMAL** où se trouvent les côtes d'Ajan et d'Adel.

22 L'**ABYSSINIE**, *cap.* GONDAR.

23 La **NUBIE**, tributaire de l'Égypte, *cap.* SENNAAR.

24 Le **SÔUDAN** ou **NIGRITIE**, renfermant le royaume de Tombouctou et le royaume de Bournou.

25 **MADAGASCAR**, *cap.* TANANARIVE.

26 **Iles.** — Iles Açores et I. Madère aux Portugais; Is Canaries aux Espagnols; I. Sainte-Hélène aux Anglais et I. de la Réunion ou Bourbon à la France.

27 **Mers.** — Mer Méditerranée, océan Atlantique, océan Austral, mer des Indes et mer Rouge.

28 **Détroits.** — Dét. de Gibraltar, canal de Mozambique.

29 **Golfes.** — G. de Syrte, G. de Guinée, G. d'Aden, G. Arabique ou mer Rouge.

30 **Fleuves.** — *Versant du Nord :* le Nil en Égypte, le Chélif en Algérie. *Versant occidental :* le Sénégal, la Gambie, le Niger, le Zaïre et l'Orange. *Versant oriental :* le Zambèze. *Versant intérieur :* le Charry.

31 **Lacs.** — Tchad et Ouniamési.

32 **Caps.** — Cap Vert et Cap de Bonne-Espérance.

33 **Montagnes.** — Les monts Atlas traversent le Maroc, l'Algérie et la régence de Tripoli. Le plateau de l'Afrique australe est limité au N. par les monts de la Lune.

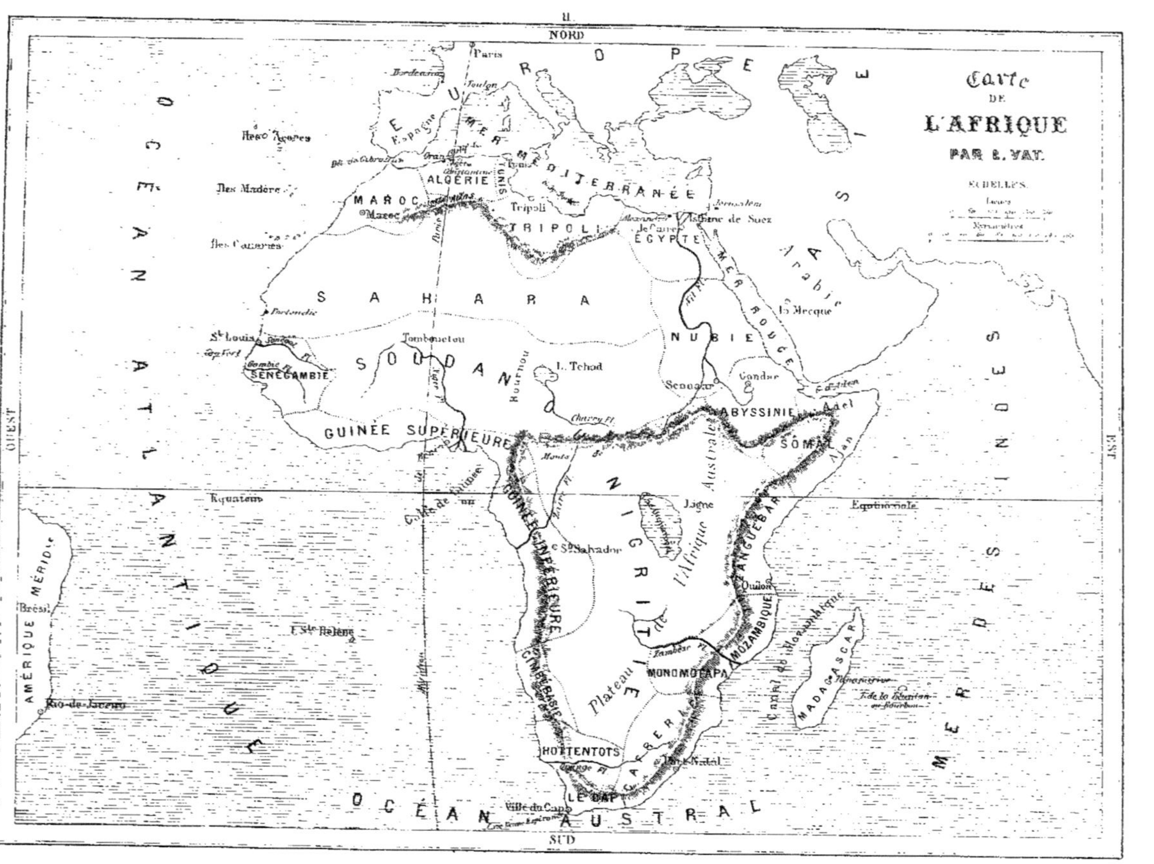
II
NORD
Carte de L'AFRIQUE
PAR E. VAT.
ÉCHELLES.
EUROPE
ASIE
OCÉAN ATLANTIQUE
OCÉAN AUSTRAL
MER DES INDES
MER MÉDITERRANÉE
MER ROUGE
Paris
Espagne
Iles Açores
Iles Madère
Iles Canaries
MAROC
ALGÉRIE
TUNIS
Tripoli
TRIPOLI
ÉGYPTE
Isthme de Suez
Arabie
La Mecque
SAHARA
SOUDAN
Tombouctou
L. Tchad
NUBIE
Sennaar
Gondar
ABYSSINIE
Adel
SOMAL
SÉNÉGAMBIE
St Louis
GUINÉE SUPÉRIEURE
GUINÉE INFÉRIEURE
NIGRITIE
l'Afrique Australe
Ligne
St Salvador
Equateur
Equinoxiale
ZANGUEBAR
MOZAMBIQUE
Canal de Mozambique
MADAGASCAR
MONOMOTAPA
Plateau
CIMBÉBASIE
HOTTENTOTS
LE CAP
Ville du Cap
I. Ste Hélène
Brésil
AMÉRIQUE MÉRIDle
Rio-de-Janeiro
OUEST
EST
SUD

AMÉRIQUE.

DIVISION GÉNÉRALE.

1 L'**AMÉRIQUE** ou NOUVEAU CONTINENT, fut découverte en **1492** par Christophe Colomb.

2 **Superficie.** — Elle est à peu près aussi grande que l'Asie et plus de quatre fois plus grande que l'Europe.

3 **Population.** — Sa population est près de quatre fois inférieure à celle de l'Europe (60,000,000 d'habitants).

4 Elle présente deux vastes péninsules ou presqu'îles : l'Amérique du Nord et l'Amérique du Sud.

AMÉRIQUE DU NORD.

5 **Limites.** — Au N., l'océan Glacial-arctique; au N.-O., le détroit de Behring qui la sépare de l'Asie; à l'O. le Grand Océan ou océan Pacifique; au S., l'isthme de Panama par lequel elle communique avec l'Amérique du Sud, et la mer des Antilles; à l'E., l'océan Atlantique, qui la sépare de l'ancien continent.

6 L'AMÉRIQUE DU NORD SE DIVISE EN 8 CONTRÉES.

7 Le **GROENLAND** avec l'**ISLANDE.**

8 L'**AMÉRIQUE RUSSE**, *cap.* NOUVELLE ARKHANGEL.

9 La **NOUVELLE BRETAGNE**, qui comprend le Labrador et le Canada: Québec et Montréal, aux Anglais.

10 Les **ÉTATS-UNIS,** fédérés au N. et confédérés au S. : voici les villes les plus importantes des États du Nord : au N.-E. Boston, New-York Philadelphie et WASHINGTON, à l'O. San-Francisco en Californie. Dans les États du Sud : Saint-Louis sur le Missisipi, RICHMOND, *cap.* et au S. la Nouvelle-Orléans.

11 Le **MEXIQUE**, *cap.* MEXICO, et Vera-Cruz.

12 Le **GUATÉMALA**, *cap.* GUATÉMALA.

13 Les **GRANDES-ANTILLES** : Cuba aux Espagnols, *cap.* la Havane, la Jamaïque aux Anglais, la république d'Haïti; Porto-Rico aux Espagnols.

14 Parmi les Petites-Antilles : la Guadeloupe et la Martinique aux Français.

15 **Iles diverses.** — Iles Aleutiennes à l'O, l' Lucayes au S., et Terre-Neuve à l'E.

16 **Mers** — Océan Glacial-arctique, mer Polaire, mer d'Hudson, mer de Baffin ; Grand Océan ou océan Pacifique; océan Atlantique et mer des Antilles.

17 **Détroits.** — Dét. de Behring, dét. de Davis.

18 **Golfes,** — G. de Californie et G. du Mexique.

19 **Fleuves.** — *Versant de l'Ouest :* la Columbia ou Orégon, le Sacramento. *Versant du Sud :* le Rio del Norte, le Mississipi grossi du Missouri. *Versant de l'Est :* le Saint-Laurent.

20 **Lacs.** — Lac Supérieur, lac Érié, lac Ontario et lac Nicaragua.

21 **Caps.** — C. San-Lucas, et C. Farewell.

22 **Montagnes.** — Les Montagnes Rocheuses composent la grande chaîne qui va du Nord au Sud ; à l'E. se trouvent les monts Alléghany.

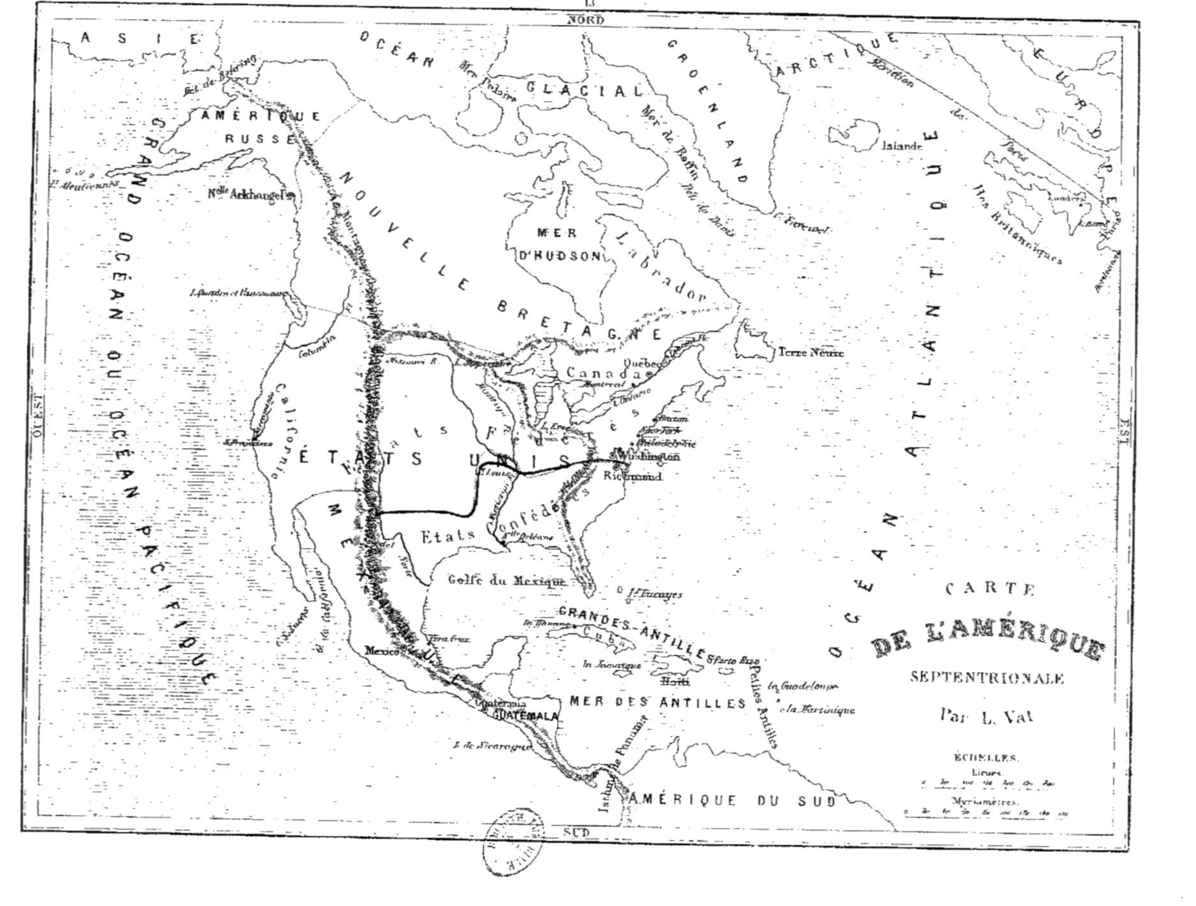

NORD
SUD
OUEST
EST
CARTE
DE L'AMÉRIQUE
SEPTENTRIONALE
Par L. Val
ECHELLES.
Lieues.
Myriamètres.
ASIE
EUROPE
OCÉAN GLACIAL ARCTIQUE
Mer Polaire
GROENLAND
Mer de Baffin
Islande
Iles Britanniques
Londres
Paris
Méridien de Paris
AMÉRIQUE RUSSE
Nelle Arkhangel
Iles Aléoutiennes
NOUVELLE BRETAGNE
MER D'HUDSON
Labrador
Terre Neuve
Canada
Quebec
Montreal
Columbia
Californie
S. Francisco
ÉTATS UNIS
Etats Fédérés
Etats Confédérés
Washington
Richmond
New York
Boston
Philadelphie
St Louis
Nlle Orléans
MEXIQUE
Mexico
Vera Cruz
Golfe du Mexique
Iles Lucayes
GRANDES-ANTILLES
Cuba
la Havane
la Jamaïque
Haïti
Porto Rico
Petites Antilles
la Guadeloupe
la Martinique
MER DES ANTILLES
GUATEMALA
Guatemala
Isthme de Panama
AMÉRIQUE DU SUD
OCÉAN ATLANTIQUE
GRAND OCÉAN OU OCÉAN PACIFIQUE

AMÉRIQUE DU SUD.

1 **Limites.** — L'Amérique du Sud a pour limites : au nord, la mer des Antilles et l'isthme de **Panama** qui la fait communiquer avec l'Amérique du Nord ; à l'ouest, le Grand Océan ou océan **Pacifique** ; au sud, l'océan Austral ; à l'est, l'océan **Atlantique** qui la sépare de l'Afrique.

2 **L'AMÉRIQUE MÉRIDIONALE RENFERME 14 PRINCIPAUX ÉTATS :**

Les **ÉTATS DE LA COLOMBIE** qui forment 3 républiques : la Nouvelle-Grenade, le Vénézuéla et l'Equateur.

3 Les **GUYANES : ANGLAISE**, *cap.* Georgetown ; HOLLANDAISE, *cap.* Paramaribo ; FRANÇAISE, *cap.* Cayenne.

4 La **RÉPUBLIQUE DU PÉROU**, *cap.* LIMA.

5 La **RÉPUBLIQUE DE BOLIVIA**, *cap.* POTOSI.

6 L'**EMPIRE DU BRÉSIL**, Pernambouc et RIO-DE-JANEIRO, *cap.*

7 La **RÉPUBLIQUE DU CHILI**, Valparaiso et SANTIAGO, *cap.*

8 La **PLATA**, *cap.* BUENOS-AYRES.

9 Le **PARAGUAY**, *cap.* l'ASSOMPTION.

10 L'**URUGUAY**, *cap.* MONTÉVIDÉO.

11 Et la **PATAGONIE**.

12 **Iles.** — Archipel de Magellan, la Terre-de-Feu, et I. Joanes à l'embouchure du fleuve des Amazones.

13 **Mers.** — Au nord, la mer des Antilles ; à l'ouest, le grand Océan ou Océan Pacifique ; au sud, l'Océan Austral ; à l'est, l'Océan Atlantique.

14 **Détroits.** — Dét. de Lemaire, dét. de Magellan.

15 **Golfes.** — G. de Panama, et Baie-de-Tous-les-Saints.

16 **Fleuves.** — *Versant du sud-est* : le Rio-de la-Plata, formé de l'Uruguay et du Parana ; dans le Brésil, le Saint-François. *Versant du nord-est* : le fleuve des Amazones, qui reçoit le Rio-Négro et la Madeira ; l'Orénoque.

17 **Lacs.** — Lac Maracaïbo, qui communique avec la mer des Antilles ; los Patos, près de l'océan Atlantique.

18 **Caps.** — Cap Horn et cap San-Roque.

19 **Montagnes.** — La grande chaîne de l'Amérique du Nord a son prolongement naturel dans l'Amérique du Sud et prend le nom de Cordilière des Andes ; à cette chaîne se rattachent, dans le Brésil, les monts Pyrénéos.

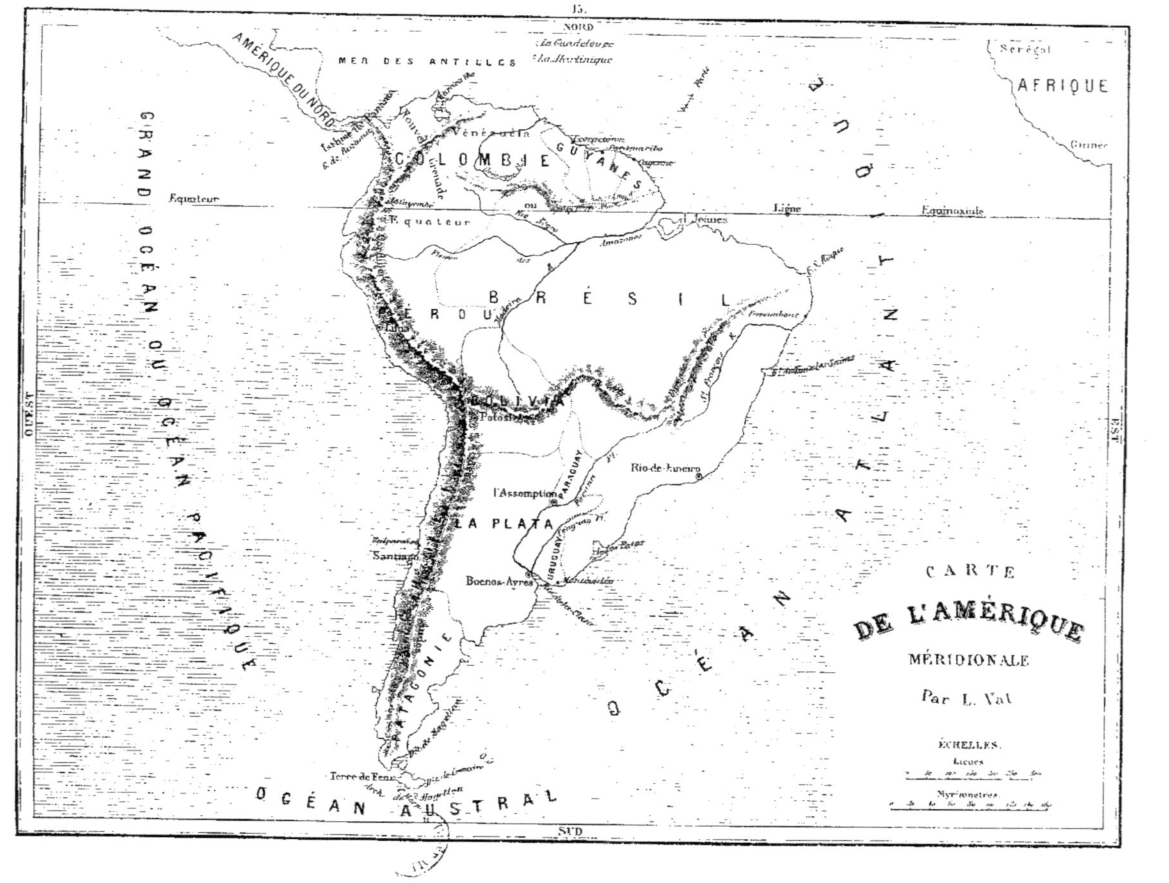
NORD
SUD
EST
OUEST
La Guadeloupe
La Martinique
AMÉRIQUE DU NORD
MER DES ANTILLES
AFRIQUE
Sénégal
Guinée
GRAND OCÉAN OU OCÉAN PACIFIQUE
OCÉAN ATLANTIQUE
OCÉAN AUSTRAL
Équateur
Ligne Équinoxiale
COLOMBIE
Vénézuela
Nouvelle Grenade
GUYANES
Paramaribo
Cayenne
Équateur
Amazones
BRÉSIL
PÉROU
Lima
BOLIVIA
Potosi
Pernambouc
St Roque
Rio-de-Janeiro
l'Assomption
PARAGUAY
LA PLATA
URUGUAY
Buenos-Ayres
Montévidéo
Valparaiso
Santiago
PATAGONIE
Terre de Feu
CARTE
DE L'AMÉRIQUE
MÉRIDIONALE
Par L. Val
ÉCHELLES.
Lieues
Myriamètres

OCÉANIE.

1 **Superficie.** — L'Océanie offre une superficie un peu plus étendue que celle de l'Europe.

2 **Population.** — Moitié moins d'habitants qu'en Amérique et neuf fois moins qu'en Europe (30,000,000).

3 L'OCÉANIE FORME QUATRE GRANDES DIVISIONS.

1° La **MICRONÉSIE** (*c'est-à-dire petites îles*) qui comprend l'archipel de Bonin-Sima ou de Magellan; l'archipel des Mariannes ou des Larrons, aux Espagnols; les îles Pelew; les îles Carolines; les îles Marshall et les îles Gilbert.

4 2° La **MALAISIE** (*ou pays des Malais*), où se trouvent les îles Philippines, aux Espagnols; Luçon, *cap.* Manille et Mindanao; l'île Bornéo, *beaucoup plus grande que la France*; l'île Célèbes peuplée par les Macassars; les îles Moluques ou îles aux épices; l'archipel de la Sonde : Sumatra, Java; les îles Sumbava-Timor ou Timoriennes.

5 3° La **MÉLANÉSIE** (*c'est-à-dire îles habitées par des noirs*). Elle comprend : la Nouvelle-Guinée, aux Hollandais; les îles Salomon; l'île Santa-Cruz; les Nouvelles-Hébrides; la Nouvelle-Calédonie, à la France les îles Viti.

6 L'Australie ou Nouvelle-Hollande, presqu'aussi étendue que l'Europe : une grande partie des côtes appartient aux Anglais. Ils y ont, pour capitale de cette colonie, Sidney dans la Nouvelle-Galles du sud. Au sud la Terre de Van Diemen.

7 4° La **POLYNÉSIE** (*c'est-à-dire beaucoup d'îles*) comprend les îles Sandwich, l'archipel des Marquises ou de Mendana, sous la protection de la France; l'archipel des Navigateurs, l'archipel des îles Basses, les îles des Amis; Taïti et les îles Gambier, aussi sous le protectorat de la France, enfin la Nouvelle-Zélande. (Au sud-est sont les antipodes de Paris).

8 **Mers.** — *A l'ouest*, l'océan Indien; *au centre et à l'est*, le Grand Océan; et, *au sud*, l'océan Glacial-Antarctique.

9 **Détroits.** — Le détroit de Malacca, le détroit de Torrès, le détroit de Bass et le détroit de Cook.

10 **Golfes.** — Golfe de Carpentarie au nord de l'Australie, et golfe d'Australie au sud.

11 **Fleuve.** — Le Murray en Australie.

12 **Caps.** — Cap Leuwin et cap Otou.

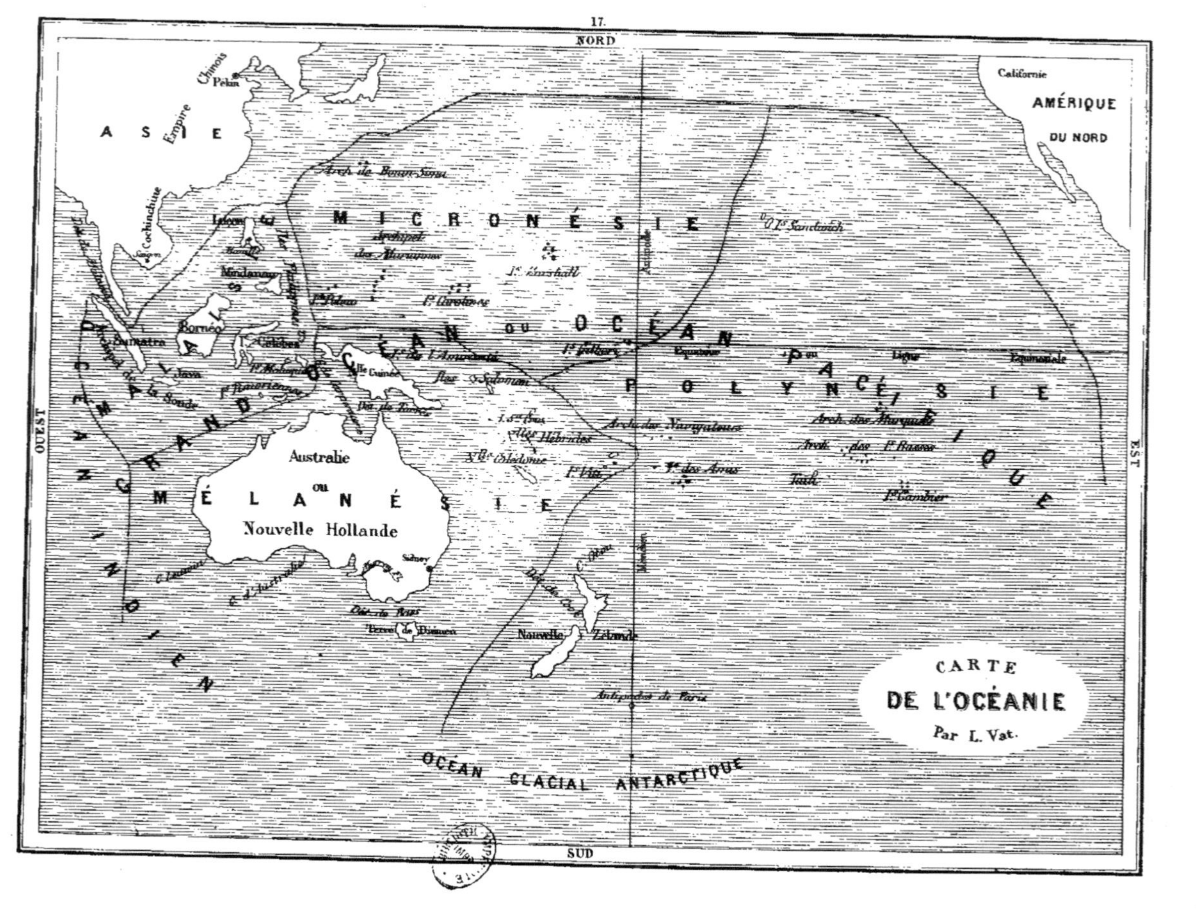
NORD
SUD
EST
OUEST
CARTE
DE L'OCÉANIE
Par L. Vat.
ASIE
Empire Chinois
Pekin
Cochinchine
Saigon
AMÉRIQUE
DU NORD
Californie
MICRONÉSIE
Archipel des Mariannes
Iles Sandwich
Iles Philippines
Mindanao
Bornéo
Sumatra
Java
Archipel de la Sonde
Célèbes
Iles Moluques
Nlle Guinée
OCÉAN
OCÉAN PACIFIQUE
POLYNÉSIE
Iles Salomon
Nlles Hébrides
Nlle Calédonie
Iles Viti
Arch. des Marquises
Arch. des Navigateurs
Iles des Amis
Taiti
Iles Gambier
Equateur
Ligne
Equinoxiale
Australie
ou
Nouvelle Hollande
MÉLANÉSIE
Sidney
Dét. de Torrès
Dét. de Bass
Terre de Diémen
Nouvelle Zélande
Antipodes de Paris
GRAND OCÉAN
MER DES INDES
OCÉAN INDIEN
OCÉAN GLACIAL ANTARCTIQUE

FRANCE.

1 **Superficie :** 541,686 kilomètres carrés.

2 **Population :** 36,700,000 d'habitants.

3 **Limites.** — Au N. la Belgique, le Pas-de-Calais qui la sépare de l'Angleterre, et la Manche; à l'O. l'océan Atlantique ; au S. les Pyrénées qui la séparent de l'Espagne, et la mer Méditerranée ; à l'E. les Alpes qui la séparent de l'Italie, la Suisse et l'Allemagne.

4 AVANT 1790 LA **FRANCE** ÉTAIT DIVISÉE EN 40 GOUVERNEMENTS DONT VOICI LES PRINCIPAUX :

Gouvernements :	Capitales :
Partie du Nord.	
Flandre,	Lille.
Artois,	Arras.
Picardie,	Amiens.
Normandie,	Rouen.
Ile-de-France,	**Paris.**
Champagne,	Troyes.
Lorraine,	Nancy.
5 *Partie de l'Ouest.*	
Bretagne,	Rennes.
Maine,	Le Mans.
Anjou,	Angers.
Poitou,	Poitiers
Aunis,	La Rochelle.

Gouvernements :	Capitales :
Saintonge,	Saintes.
Angoumois,	Angoulême.
6 *Partie du Centre.*	
Orléanais,	Orléans.
Touraine,	Tours.
Berry,	Bourges.
Nivernais,	Nevers.
Bourbonnais,	Moulins.
Marche,	Guéret.
Limousin,	Limoges.
Auvergne,	Clermont.
7 *Partie de l'Est.*	
Alsace,	Strasbourg.
Bourgogne,	Dijon.

Gouvernements :	Capitales :
Franche-Comté,	Besançon.
Lyonnais,	Lyon.
8 *Partie du Sud.*	
Périgord,	Périgueux.
Guyenne,	Bordeaux.
Gascogne,	Auch.
Béarn,	Pau.
Comté-de-Foix,	Foix.
Roussillon,	Perpignan.
Languedoc,	Toulouse.
Dauphiné,	Grenoble.
Comt.-Venaissin,	Avignon.
Provence,	Aix.
Corse,	Bastia.

9 LA **FRANCE** EST ACTUELLEMENT DIVISÉE EN 89 DÉPARTEMENTS.

Départements :	Chefs-lieux :
9 dans le bassin du Rhin.	
Haut-Rhin,	Colmar.
Bas-Rhin,	Strasbourg.
Vosges,	Épinal.
Meurthe,	Nancy.
Moselle,	Metz.
Meuse,	Bar-le-Duc.
Ardennes,	Mézières.
Nord,	Lille.
Pas-de-Calais,	Arras.

Départements :	Chefs-lieux :
10 17 dans le bassin de la Seine.	
Côte-d'Or,	Dijon.
Aube,	Troyes.
Yonne,	Auxerre.
Haute-Marne,	Chaumont.
Marne,	Châlons.
Seine-et-Marne,	Melun.
Seine,	**Paris.**
Aisne,	Laon.

Départements :	Chefs-lieux :
11	
Oise,	Beauvais.
Seine-et-Oise,	Versailles.
Eure-et-Loir,	Chartres.
Eure,	Evreux.
Seine-Inférieure,	Rouen.
Somme,	Amiens.
Orne,	Alençon.
Calvados,	Caen.
Manche,	Saint-Lô.

Départements :	Chefs-lieux :
12 21 dans le bassin de la Loire.	
Haute-Loire,	Le Puy.
Loire,	St-Étienne.
Nièvre,	Nevers.
Puy-de-Dôme,	Clermont.
Allier,	Moulins.
Loiret,	Orléans.
Cher,	Bourges.
Loir-et-Cher,	Blois.
Indre,	Châteauroux.
Indre-et-Loire,	Tours.
13 Creuse,	Guéret.
Haute-Vienne,	Limoges.
Vienne,	Poitiers.
Sarthe,	Le Mans.
Mayenne,	Laval.
Maine-et-Loire,	Angers.
Loire-Inférieure,	Nantes.
Ille-et-Vilaine,	Rennes.
Côtes-du-Nord,	Saint-Brieuc.
Morbihan,	Vannes.
Finistère,	Quimper.

Départements.	Chefs-lieux.
14 20 dans le b. de la Garonne	
Haute-Garonne,	Toulouse.
Ariége,	Foix.
Lozère,	Mende.
Aveyron,	Rhodez.
Tarn,	Albi.
Tarn-et-Garonne,	Montauban.
Hautes-Pyrénées,	Tarbes.
Gers,	Auch.
Cantal,	Aurillac.
15 Lot,	Cahors.
Lot-et-Garonne,	Agen.
Corrèze,	Tulle.
Dordogne,	Périgueux.
Gironde,	Bordeaux.
Deux-Sèvres,	Niort.
Vendée,	Nap.-Vendée.
Charente,	Angoulême.
Charente-Inférᵉ,	La Rochelle.
Landes,	Mont-de-Marsan.
Basses-Pyrénées,	Pau.

Départements :	Chefs-lieux
16 21 dans le bassin du Rhône	
Ain,	Bourg.
Doubs,	Besançon.
Jura,	Lons-le-Saulnier
Haute-Saône,	Vesoul
Saône-et-Loire,	Mâcon.
Rhône,	Lyon.
Haute-Savoie,	Annecy.
Savoie,	Chambéry
Isère,	Grenoble.
Drôme,	Valence.
17 Ardèche,	Privas.
Hautes-Alpes,	Gap.
Basses-Alpes,	Digne.
Vaucluse,	Avignon.
Gard,	Nîmes.
Bches-du-Rhône,	Marseille.
Var,	Draguignan.
Alpes-Maritimes,	Nice.
Pyr.-Orientales,	Perpignan.
Aude,	Carcassonne.
Hérault,	Montpellier.
Corse, —	Ajaccio.

18 **Iles principales.** — Belle-Isle, île de Ré, île d'Oléron, îles d'Hyères.

19 **Mers.** — La Manche, l'océan Atlantique et la mer Méditerranée.

20 **Détroit.** — Le Pas-de-Calais.

21 **Golfes.** — Golfe de Gascogne et golfe du Lion.

22 **Fleuves.** — Le Rhin qui passe près de Strasbourg ; la Seine qui arrose Troyes, Melun, Paris et Rouen ; la Loire qui passe à Nevers, Orléans, Blois, Tours et Nantes ; la Garonne qui arrose Toulouse et Bordeaux ; le Rhône qui traverse Lyon et passe auprès d'Avignon.

23 **Cap.** — Cap de la Hague.

24 **Montagnes.** — Les Cévennes, les Alpes et les Pyrénées.

25 **PRINCIPALES COLONIES FRANÇAISES.**

En Asie : Chandernagor et Pondichéry dans les Indes.

26 En Afrique : toute l'Algérie, Alger *cap.*, Bone et Constantine ; le Sénégal, *cap.* Saint-Louis, et à l'E. de Madagascar : l'île de la Réunion ou île Bourbon.

27 En Amérique, parmi les Antilles : Saint-Domingue, la Guadeloupe et la Martinique, et la Guyane française, *cap.* Cayenne.

28 Dans l'Océanie, la Nouvelle-Calédonie, les Marquises et Taïti.

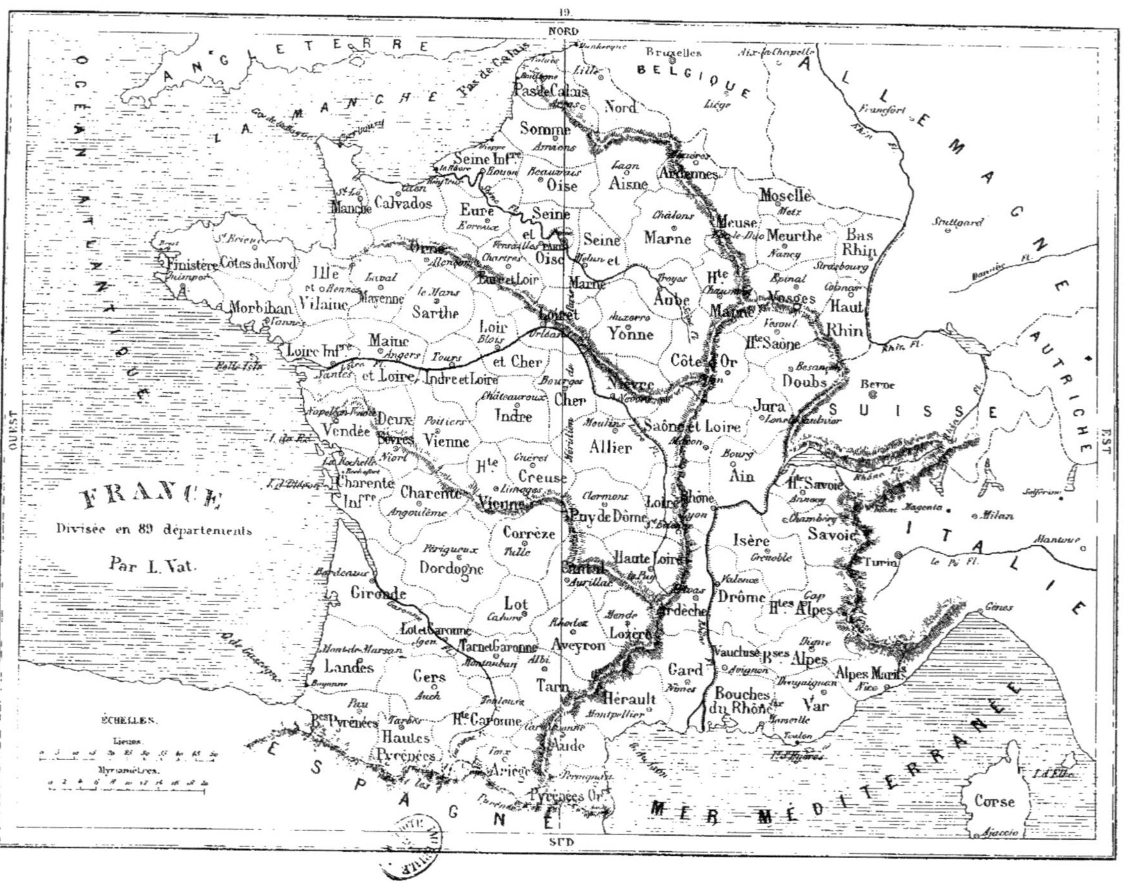
NORD
SUD
EST
OUEST
FRANCE
Divisée en 89 départements
Par L. Vat.
OCÉAN ATLANTIQUE
ANGLETERRE
LA MANCHE
Pas de Calais
BELGIQUE
Bruxelles
Liège
Aix-la-Chapelle
ALLEMAGNE
Francfort
Stuttgard
AUTRICHE
SUISSE
Berne
ITALIE
Turin
Milan
Magenta
Solférino
Mantoue
Gênes
le Pô Fl.
ESPAGNE
MER MÉDITERRANÉE
Corse
Ajaccio
I. d'Elbe
G. de Gascogne
G. du Lion
Belle Isle
I. de Ré
I. d'Oléron
Nord
Lille
Dunkerque
Pas de Calais
Boulogne
Arras
Somme
Amiens
Seine Infre.
Rouen
le Havre
Dieppe
Oise
Beauvais
Aisne
Laon
Ardennes
Mézières
Manche
St. Lô
Calvados
Caen
Eure
Evreux
Seine et Oise
Versailles
Paris
Seine
Seine et Marne
Melun
Marne
Châlons
Meuse
Bar-le-Duc
Moselle
Metz
Meurthe
Nancy
Bas Rhin
Strasbourg
Haut Rhin
Colmar
Vosges
Epinal
Finistère
Quimper
Brest
Côtes du Nord
St. Brieuc
Morbihan
Vannes
Ille et Vilaine
Rennes
Mayenne
Laval
Orne
Alençon
Sarthe
le Mans
Eure et Loir
Chartres
Loiret
Orléans
Aube
Troyes
Hte. Marne
Chaumont
Yonne
Auxerre
Côte d'Or
Hte. Saône
Vesoul
Doubs
Besançon
Loire Infre.
Nantes
Maine et Loire
Angers
Indre et Loire
Tours
Loir et Cher
Blois
Cher
Bourges
Nièvre
Nevers
Jura
Lons le Saulnier
Saône et Loire
Mâcon
Ain
Bourg
Vendée
Deux Sèvres
Niort
Vienne
Poitiers
Indre
Châteauroux
Allier
Moulins
Hte. Savoie
Annecy
Savoie
Chambéry
Charente Infre.
La Rochelle
Charente
Angoulême
Hte. Vienne
Limoges
Creuse
Guéret
Puy de Dôme
Clermont
Loire
Rhône
Lyon
Isère
Grenoble
Corrèze
Tulle
Dordogne
Périgueux
Gironde
Bordeaux
Cantal
Aurillac
Haute Loire
le Puy
Drôme
Valence
Htes. Alpes
Gap
Lot
Cahors
Lot et Garonne
Agen
Tarn et Garonne
Montauban
Aveyron
Rhodez
Lozère
Mende
Ardèche
Landes
Mont de Marsan
Gers
Auch
Tarn
Albi
Gard
Nîmes
Vaucluse
Avignon
Bses. Alpes
Digne
Alpes Marit.
Nice
Bes. Pyrénées
Pau
Bayonne
Hautes Pyrénées
Tarbes
Hte. Garonne
Toulouse
Ariège
Foix
Aude
Carcassonne
Hérault
Montpellier
Bouches du Rhône
Marseille
Var
Draguignan
Toulon
Pyrénées Or.
Perpignan
ÉCHELLES.
Lieues.
Myriamètres.

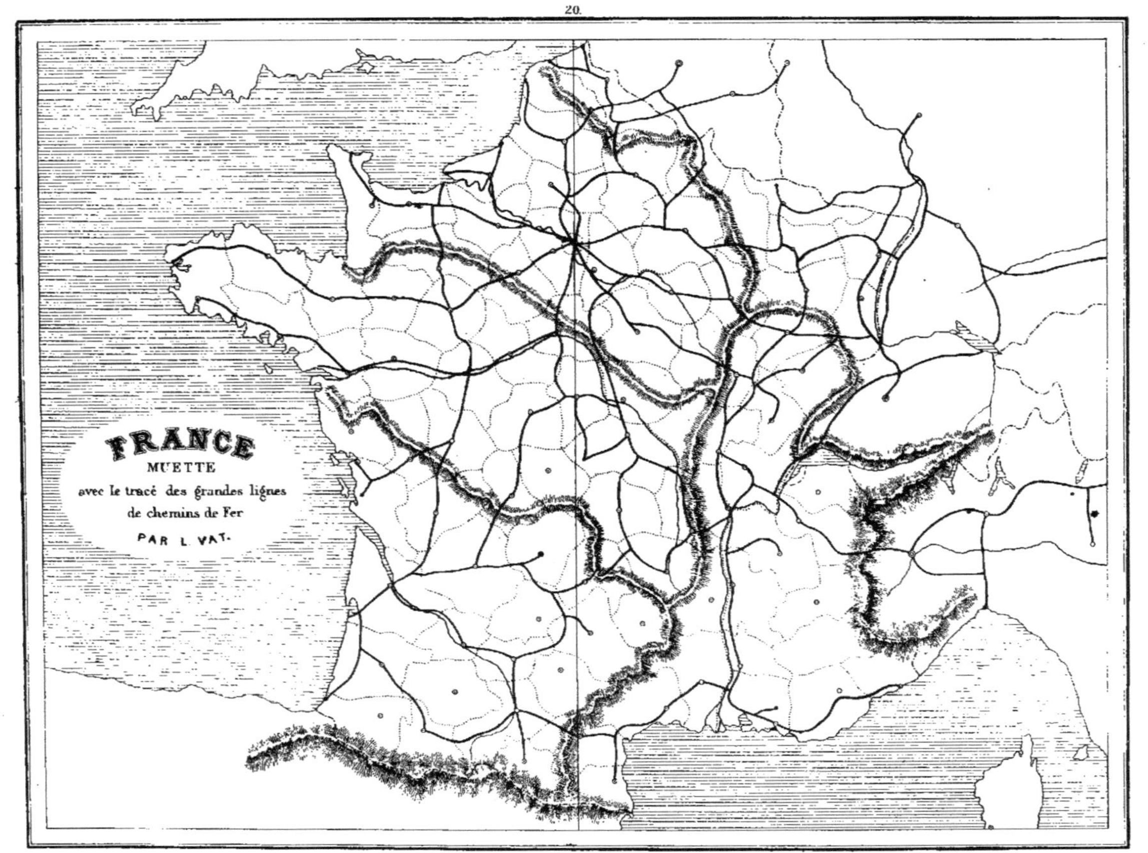
FRANCE
MUETTE
avec le tracé des grandes lignes
de chemins de Fer
PAR L. VAT.

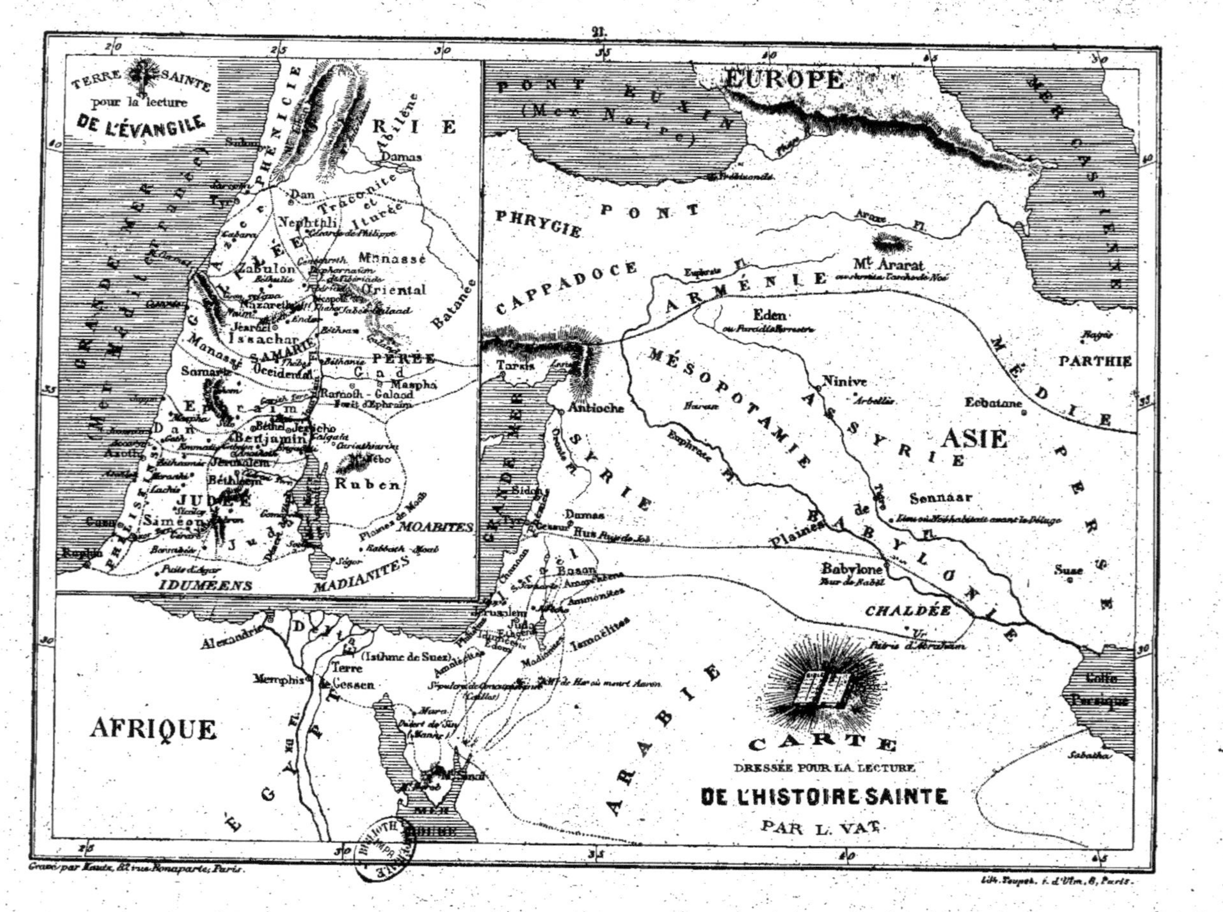
CARTE
DRESSÉE POUR LA LECTURE
DE L'HISTOIRE SAINTE
PAR L. VAT
TERRE SAINTE
pour la lecture
DE L'ÉVANGILE
EUROPE
ASIE
AFRIQUE
PONT EUXIN
(Mer Noire)
PHRYGIE
PONT
CAPPADOCE
ARMÉNIE
Mt Ararat
Eden
MÉSOPOTAMIE
ASSYRIE
Ninive
Ecbatane
PARTHIE
MÉDIE
PERSE
Sennaar
Babylone
BABYLONIE
CHALDÉE
Suse
SYRIE
Antioche
Damas
ARABIE
Alexandrie
Memphis
Terre
Gessen
(Isthme de Suez)
ÉGYPTE
Jérusalem
Juda
PHÉNICIE
Tyr
Dan
Nephthali
Zabulon
Nazareth
Issachar
SAMARIE
Samarie
Ephraïm
Benjamin
Jérusalem
Bethléem
JUDÉE
Siméon
Juda
Ruben
Gad
Maspha
PÉRÉE
Manassé
Oriental
Tracouite et Iturée
Batanée
MOABITES
MADIANITES
IDUMÉENS
Gravé par Kautz, 22 rue Bonaparte, Paris.

www.ingramcontent.com/pod-product-compliance
Ingram Content Group UK Ltd.
Pitfield, Milton Keynes, MK11 3LW, UK
UKHW020231180726
13838UKWH00005B/2326